Première

à

MM. les Sénateurs

et Députés

suivie

de cinq chapitres extraits

des

Études Sociales

par

un Inconnu

PARIS

CL. MOTTEROZ, IMPRIMEUR-ÉDITEUR

54 BIS, RUE DU FOUR

M.DCCC.LXXX

PREMIÈRE

A

MM. LES SÉNATEURS ET DÉPUTÉS

TU PENSES
J'ŒUVRE
C. MOTTEROZ

PREMIÈRE

A

MM. LES SÉNATEURS

ET DÉPUTÉS

SUIVIE

DE CINQ CHAPITRES EXTRAITS

DES

ÉTUDES SOCIALES

PAR

UN INCONNU

PARIS

CL. MOTTEROZ, IMPRIMEUR-ÉDITEUR

54 BIS, RUE DU FOUR

1880

TABLE

Messieurs les Sénateurs,

Messieurs les Députés,

Un projet de loi vous est soumis pour substituer, une fois de plus, le scrutin de liste au scrutin d'arrondissement. Il faut, dit-on, que les députés ne soient plus obsédés par leurs mandants.

Vous savez qu'on veut surtout rendre possibles les élections multiples qui préparent et amènent restaurations et dictatures.

Ce projet sera voté ou repoussé sans que vous profitiez de cette occasion d'étudier et de discuter à fond le suffrage qui vous a élus.

Vous aurez tort.

Depuis trente-deux ans, le suffrage universel alterne l'emploi de ces deux modes de scrutin.

Quels ont été les résultats?

Les impôts ont été doublés.

La petite bourgeoisie est devenue, relativement, plus misérable que la classe ouvrière. Le pain excepté, tout ce qui sert à l'alimentation a atteint des prix tellement élevés, que le peuple ne subsiste qu'en ne peuplant plus.

Les grèves sont plus fréquentes et les émeutes plus effroyables que jamais. Peuple et bourgeoisie forment deux camps ennemis, divisés en autant de fractions qu'il y a eu jusqu'ici de régimes différents et de théories utopistes.

L'étranger a envahi notre pays, trouvant partout des héros isolés et inconnus, mais nulle part de résistance organisée. Jamais la masse moutonnière n'avait été aussi bien disposée à se laisser enrégimenter; aucun peuple, à notre époque, n'a donné de pareils exemples de stupide lâcheté aucun n'a eu à subir de pareilles humiliations.

Nos généraux ne savaient que se laisser surprendre, se faire tuer, ou battre en retraite et livrer leurs soldats.

L'Allemand n'avait qu'à se présenter devant nos villes pour les rançonner et les faire capituler. Il a pris Paris par la famine, nous a enlevé deux provinces, sans que l'Europe ait cru devoir intervenir.

Il a exigé de nous une rançon énorme que nous avons dû nous procurer à l'aide d'emprunts ruineux. Pas un centime n'est encore remboursé de cette dette écrasante qui pèsera sur plusieurs générations.

Voilà les grandes lignés de la situation.

Sénateurs et députés, blancs, bleus, tricolores et cramoisis, ne dites pas que les présidents, les rois ou les empereurs ont causé les malheurs de notre pays.

Vous seuls en êtes responsables.

On ne fait rien sans argent, et le véritable maître, partout, est celui qui tient les clés de la caisse.

Vous avez accordé des milliards pour les folies et les crimes de tous nos gouvernements ; et jamais, sans y être forcés, vous n'avez employé lés budgets à maintenir et à accroître la prospérité du pays.

Les meilleurs d'entre vous n'ont été que des économistes et des hommes d'État à courtes vues.

Si la France continue à être gouvernée par des bavards, blancs ou rouges, éloquents ou non, elle deviendra fatalement une seconde Pologne.

Nier le danger n'est pas l'écarter.

Il faut être bien myope pour ne pas voir que de nouvelles guerres civiles et de plus terribles invasions sont imminentes.

Faites plus que de voter le scrutin de liste ou de maintenir le statu quo, si vous avez quelque souci de l'avenir de vos enfants, du vôtre même.

A défaut du patriotisme, l'égoïsme devrait vous amener à donner la direction du pays à des hommes qui remplaceraient l'intrigue par l'intelligence des affaires, et les discours par des actes.

Faut-il donc supprimer le suffrage universel ?

Non.

Cette base des gouvernements modernes n'est plus discutée par aucun parti : tous en attendent le salut.

Si le suffrage universel n'a pas eu de plus heureux effets que le suffrage restreint, c'est que l'un et l'autre ont été décrétés par des rêveurs.

De même que les outils les plus parfaits, les meilleurs principes mal appliqués ne donnent que de mauvais résultats.

Comment les électeurs, dans l'un ou l'autre cas, auraient-ils pu faire de bons choix ? Ils n'ont été jusqu'ici que des machines à voter. Ce sont toujours les comités qui imposent les candidats, pour lesquels nous allons au scrutin comme des troupeaux menés à la tonte ou à l'abattoir.

On se plaint des abstentions, quand on devrait s'étonner qu'il n'y en ait pas davantage. Voter comme nous le faisons, sans connaître le candidat, c'est être mouton de Panurge, bête ou fanatique.

Combien parmi nous connaissent les hommes pour lesquels les meneurs de chaque parti nous font voter ? Un sur mille, peut-être, les a vus ailleurs qu'à une tribune quelconque, c'est-à-dire sur un théâtre où l'orateur joue, presque toujours, la comédie, quand ce n'est pas le drame.

On peut s'étonner, messieurs les Sénateurs, messieurs les Députés, qu'ayant été élus de cette façon, il vous ait fallu un demi-siècle pour amener la petite bourgeoisie, si heureuse autrefois, à vivre plus pauvrement et avec plus de privations morales et matérielles que le peuple misérable

Vos successeurs iront plus vite et plus loin.

Ne dites pas : « Après nous la fin du monde » ; nous sommes trop près de la fin de la France pour que vous ne vous ressentiez pas des conséquences de vos actes. Faites que les hommes qui ont la pratique et l'intelligence spéciale des affaires et de l'administration puissent arriver aux emplois publics.

Ceux-là ne seront jamais choisis par le suffrage universel tel qu'il fonctionne actuellement ; ils ont un trop grand mépris des boniments de pitre et des compromis honteux qu'imposent les comités.

Pour que le gouvernement passe aux mains de ceux qui peuvent relever notre pays, il faut que le suffrage universel soit organisé de façon à ce que tous les électeurs aient le désir de voter, et que les plus ignorants ne puissent que faire un bon choix, malgré les comités.

Cette organisation est à l'état latent dans nos mœurs ; elle a déjà fonctionné, elle a fait ses preuves : donc elle est possible.

Tel est le résumé d'une étude, écrite il y a dix ans, pour l'instruction personnelle de son auteur. Il vous l'adresse au moment où vous vous occupez du suffrage universel sans paraître encore soupçonner que sa mauvaise organisation seule est cause de tous les malheurs de la France.

I

POURQUOI

TOUS LES PARTIS MANQUENT

DE

CHEFS INTELLIGENTS

Les républicains croient que les choix déplorables du suffrage universel doivent être attribués à l'ignorance du peuple, et demandent l'instruction gratuite et obligatoire, voire même intégrale.

En supposant, ce qui est irréalisable, que l'instruction puisse être immédiatement donnée aux populations, il faudrait au moins une ou deux générations pour que son influence sur les élections fût appréciable, et la France serait finie avant ce temps.

Quel que soit, du reste, le degré d'instruction des électeurs, le suffrage universel actuel ne peut pas faire des élections sensées, ni exprimer les sentiments du pays.

Chaque député est nommé par des milliers de votants, et peu de personnes étant assez connues pour être élues par acclamation, les chefs de parti sont obligés de grouper les suffrages sur leurs coreligionnaires politiques les plus en vue. — Ils imposent aux électeurs des descendants de familles aristocratiques, des possesseurs de grandes fortunes industrielles ou commerciales, des littérateurs, des avocats ou des fonctionnaires publics.

Le choix est donc limité à certaines classes et à un très petit nombre de candidats, le plus souvent sans aucune expérience des affaires.

Les fils de familles nobles sont élevés dans des idées d'inégalité et d'injustice qui leur faussent le sens moral. — Ils se mêlent le moins possible à la vie active, et ne connaissent ni les idées, ni les hommes modernes. Le plus souvent gens d'esprit, rarement travailleurs, leur idéal est d'être en retard de plusieurs siècles.

Les propriétaires de grandes fortunes ont presque tous la prétention d'être des administrateurs émérites. Leurs flatteurs le répètent, le public les croit et en est toujours dupe.

Celui qui observe de près ces prétendus génies s'aperçoit bien vite qu'ils vivent dans un entourage intéressé à leur dissimuler les difficultés et à leur attribuer tous les heureux résultats. N'étant jamais sérieusement en relations avec la bourgeoisie moyenne et petite et encore moins avec le peuple, ils ne peuvent en connaître les besoins, les sentiments, et, quelles que soient les apparences, ils n'administrent jamais eux-mêmes; ils ont bien d'autres occupations!

Certains grands propriétaires ont commencé par être de tout petits bourgeois, mais le changement de position leur a fait vite oublier les détails de l'existence première. Les grands capitalistes qui sont venus à Paris avec de la paille dans leurs sabots savent moins que d'autres le prix des souliers.

Les littérateurs sont connus par leurs œuvres : poésies, romans, livres de philosophie ou d'histoire ; ils s'isolent dans le rêve ou dans le passé. La plupart ont fait de la politique, et tous y ont échoué. — Ils ne savent qu'égrener de magnifiques phrases et laissent subsister toutes les difficultés.

Les avocats sont habitués à torturer les textes, à ergoter sur tous les sujets sans les posséder, et à plaider tour à tour le pour et le contre.

Littérateurs et jurisconsultes vivent dans leur cabinet de travail, trop loin de la vie pratique pour la connaître : les uns et les autres ne sont que des rhéteurs.

Les fonctionnaires devraient au moins posséder la science gouvernementale. Mais comme l'administration, en France, est organisée de façon à favoriser les intelligences moyennes et à décourager les hommes supérieurs, les députés fonctionnaires sont aussi incapables que les autres.

Ils inspirent confiance parce qu'ils parlent la langue des affaires, dont ils connaissent les us et coutumes. Sans eux, on chercherait des solutions, et l'on aurait quelque chance d'en trouver de meilleures en ne suivant pas leurs traditions routinières condamnées par l'expérience.

Tous les individus susceptibles d'être choisis sont donc précisément ceux qui ont le moins d'aptitude à devenir des mandataires sérieux.

L'incapacité de ces privilégiés, qui ressort déjà de tous leurs actes de représentants, devient flagrante quand l'opposition arrive au pouvoir. Là, ces hommes, qui n'auraient alors qu'à savoir et à vouloir pour faire mieux, se montrent encore plus ineptes que ceux dont ils ont jusque-là critiqué la conduite.

Avant de commander un régiment, il est nécessaire d'avoir fait manœuvrer un peloton; avant d'administrer un peuple, on devrait comprendre qu'il est indispensable de faire un apprentissage sur des groupes d'individus; avant de prendre des mesures pour assurer l'existence matérielle d'une nation, il faudrait savoir comment se nourrit la majorité du peuple.

Tant que les classes les moins nombreuses fourniront seules les députés, les gouvernements manqueront d'administrateurs, de ministres et de diplomates.

Le second Empire commençait à comprendre qu'il fallait au pouvoir des hommes pratiques : il est tombé parce qu'il n'a pu les trouver.

Cette disette d'hommes d'État durera aussi longtemps que le suffrage universel ne pourra nommer que des personnalités déjà en évidence.

Pour que des représentants puissent remplir leur mandat, il faut qu'ils le connaissent, et ils ne peuvent acquérir cette science qu'à la condition de vivre de la même vie, d'avoir les mêmes mœurs, les mêmes besoins que le peuple, et d'être par leur situation forcés de prendre part à ses peines et à ses joies.

Le pays peut fournir les éléments d'une Chambre ainsi composée; notre histoire donne la preuve que le suffrage universel, fonctionnant méthodiquement, fait surgir toutes les capacités politiques, financières et administratives.

II

COMMENT

ON PEUT TROUVER DES HOMMES D'ÉTAT

La Constituante de 1789 fut le produit du suffrage universel.

Jamais, dans aucun pays, il ne s'est trouvé une assemblée réunissant un aussi grand nombre d'hommes intelligents, honnêtes et courageux. Les électeurs étaient alors bien autrement ignorants et incapables de juger les hommes politiques, qu'ils ne le sont aujourd'hui. Cependant, presque tous ceux qu'ils choisirent devinrent célèbres. Pourquoi ne pas employer le mode de suffrage universel qui a si bien réussi à nos pères ?

Dans l'ancienne France, il en était des élections comme des détails de l'administration : il y avait une foule de variantes dans l'application de chaque mesure. Partout on suivait les coutumes du pays, et il y avait, en apparence, autant de façons d'agir que de localités. Mais si la forme variait, le fond, le résultat était le même partout.

Ces élections si fécondes furent faites, à peu près, de la manière suivante :

Dans les villages comme dans les villes, chaque petit quartier, chaque rue eut à nommer un représentant. Les chefs de famille qui votèrent se connaissaient tous, leur choix dut se porter naturellement sur le plus estimé et le plus capable d'entre eux. Ces premiers élus se réunirent dans leurs municipalités respectives pour nommer des délégués à l'assemblée de leur province. Là encore, tous pouvaient juger de leur valeur mutuelle, car dans un village, dans une paroisse, dans une section de quartier, tous les habitants se connaissent, même quand ils ne se sont jamais parlé. Par les voisins, sinon par soi-même, on sait ce que vaut chaque individu. L'homme capable n'a pas besoin de battre la grosse caisse pour attirer l'attention ; on va le chercher, le prier, s'il le faut on lui fait une douce violence, quand on a besoin de lui pour remplir quelque fonction publique.

Une assemblée provinciale ainsi composée ne peut contenir en majorité que des hommes dont la vie a été très active, qui sont en relations plus ou moins fréquentes par les affaires, et dont l'intelligence est déjà exercée à l'administration. Ils connaissent les difficultés et les exigences de la vie pratique, et peuvent, dans leurs choix pour l'assemblée générale, apprécier sûrement les mérites de leurs mandataires.

Les assemblées provinciales de 1789 discutèrent d'abord les bases du mandat qu'elles entendaient donner à leurs députés, et formulèrent clairement les besoins du pays dans une série de mémoires dont la collection restera célèbre sous le titre de « Cahiers des États généraux ». Après avoir arrêté le programme qu'auraient à remplir les députés, les assemblées provinciales procédèrent aux élections pour l'assemblée générale.

Il y eut alors dans toute la France un moment de cruelle anxiété, lorsqu'on apprit les noms des représentants du tiers-état. On crut tout perdu parce qu'ils étaient presque tous inconnus.

On était sauvé.

Ces hommes nouveaux, la plupart dans la fleur de l'âge, portaient en eux l'esprit de la nation. Ces ignorés de leur pays firent répéter leurs noms et celui de la France, avec terreur et admiration, dans le monde entier.

Les élections successives qui les avaient envoyés à la Constituante, constituent le suffrage à plusieurs degrés. Ce mode produira toujours ces merveilleux effets, car il ne peut que recruter sans cesse de nouvelles intelligences pour remplacer celles sur le compte desquelles on s'est trompé, ou qui sont usées. Comme les candidats sont plusieurs fois triés, il ne peut manquer de se trouver parmi eux les hommes dont le pays a besoin pour se relever et nous préparer un avenir meilleur.

La principale objection faite à ce système est la multiplicité des élections qu'il exige. Chaque scrutin a toujours causé jusqu'ici un peu d'agitation et une certaine inquiétude qui se traduit par un ralentissement des affaires, avant et après. Plus les élections sont nombreuses et fréquentes, plus le commerce et l'industrie ont à en souffrir.

Cet argument n'a pas de valeur. On a dans les conseils municipaux la base la plus simple, la plus calme, la meilleure pour le suffrage universel à plusieurs degrés.

Il faut pour cela qu'ils soient sérieusement organisés et n'aient pas seulement, comme de nos jours, d'autre raison d'être que de faire croire à chaque localité qu'elle s'administre elle-même.

Nos conseillers comptent si peu, en effet, qu'on les dissout, qu'on les remplace par des commissions, ou même qu'on se passe de tout cela, sans que les affaires cessent de s'expédier, — aussi mal que d'habitude, dans tous les cas.

Que les municipalités administrent véritablement et qu'elles soient un des degrés de l'élection des députés, nous aurons immédiatement des pépinières inépuisables d'administrateurs et d'hommes d'État.

III

L'APPRENTISSAGE NATUREL

DE

LA VIE POLITIQUE

Nos conseillers municipaux ne représentent nullement la population, et si leurs délégués choisissaient entre eux les députés, la Chambre ainsi composée serait beaucoup plus au-dessous des assemblées qui ont causé nos malheurs, que celles-ci ne furent au-dessous de la Constituante de 1789.

Les conseils n'ont que des attributions à peu près illusoires, et sont, pour ainsi dire, des postes honorifiques. Les hommes de travail et d'affaires se gardent bien de se présenter ou se laisser présenter à l'élection, pour remplir des fonctions illusoires qui leur feraient perdre leur temps sans utilité réelle. Les candidats sont généralement des hommes riches, désœuvrés, qui se donnent ainsi une apparence d'autorité administrative.

Les villages, les villes, sont des corps sans tête, ou plutôt n'ayant qu'une même tête, qui se trouve à Paris, dans les ministères.

Nulle part on ne peut faire quoi que ce soit sans que l'impulsion ne parte de là.

Pour mettre en rapport la plus petite propriété d'une commune, pour y créer un établissement d'utilité publique, pour construire un pont, établir une route, relever un mur, pour contribuer à la prospérité du moindre hameau, il faut demander la permission à un fonctionnaire qui n'a aucune espèce d'intérêt dans l'affaire, à laquelle, le plus souvent, il ne comprend pas un mot. Les demandes et les études à l'appui, toujours admirablement calligraphiées, ont irrévocablement le même sort à la préfecture et au ministère : on les enfouit dans un carton, où elles restent en repos jusqu'à la vente des vieux papiers.

Parfois elles servent aux préfets et aux ministres, qui récompensent des amis ou s'attachent des créatures en favorisant des personnages influents.

L'espérance d'une solution favorable constitue aussi un excellent argument en faveur du candidat que l'on sait favorisé par l'administration.

Les dépenses et les pertes de temps que nos semblants de conseillers municipaux ont à supporter pour faire les choses les plus insignifiantes, les obstacles que rencontrent ceux qui ont de l'initiative, font que partout on se contente de ce qu'on a, sans chercher à tirer un meilleur parti des richesses ou des ressources de la localité.

Si les conseils municipaux pouvaient disposer librement de leur budget, il en résulterait une émulation dont l'industrie et le commerce ne tarderaient pas à se ressentir.

Et si les électeurs pouvaient contrôler les actes de leurs édiles, ils apprendraient vite à ne plus se laisser prendre aux mensonges intéressés des journaux et des bavards.

L'administration de la plus petite ville est l'image de celle d'un grand pays.

Celui qui comprend les affaires de son village n'est pas éloigné de comprendre celles de la nation.

Des conseillers municipaux discutant en séances publiques, feraient plus pour l'éducation politique et sociale du peuple que deux siècles d'instruction gratuite et obligatoire.

Tel paysan ignorant, de l'Allemagne ou de la France, qui dans son pays a la plus profonde indifférence pour les affaires publiques, devient, aussitôt qu'il se fixe dans une bourgade des États-Unis, un citoyen très jaloux de l'exercice de ses droits.

L'intérêt opère ce miracle : il rend patriotes ceux qui ne l'ont jamais été. C'est la seule puissance pouvant inculquer avec rapidité, aux intelligences les moins ouvertes, les connaissances dont la masse du peuple a besoin.

Cela tient à ce que l'administration municipale américaine a été organisée par des esprits pratiques.

Les journaux des localités un peu importantes donnent le compte rendu in extenso des délibérations des conseils, et là où il n'y a pas de journaux, les habitants assistent aux séances, en assez grand nombre.

Cette publicité — quel que soit d'ailleurs l'organe qu'elle emprunte — est le stimulant le plus énergique des assemblées gouvernementales. La présence du public influe sur les mauvaises intentions, qu'elle modifie presque toujours d'une façon heureuse.

La réunion au moins hebdomadaire des conseils est une des conditions essentielles de leur bon fonctionnement. Il est indispensable que les affaires soient étudiées et traitées au fur et à mesure des besoins.

Les conseils municipaux américains, qui sont ainsi organisés, passionnent de suite les nouveaux venus autant que les anciens habitants.

L'utilité et l'importance des fonctions de conseiller municipal aux États-Unis, font que les hommes les plus actifs et les plus intelligents tiennent à honneur d'en faire partie. Il est très rare que les élus ne soient pas précisément les personnalités les plus capables de bien remplir cette charge.

Tous s'efforcent de mériter leur réélection en procurant la plus large satisfaction aux besoins de leurs concitoyens.

Cette émulation donne quelquefois au petit village plus de prospérité et d'activité — proportions gardées — qu'à certaines grandes villes.

Tous les fonctionnaires relèvent directement du conseil municipal, qui les nomme et les contrôle — la presse locale aidant. — De cette façon, les incapables sont rapidement connus et obligés de céder la place à des hommes compétents, et aucune intelligence ne reste improductive.

Quiconque a les qualités requises pour diriger l'administration du pays peut ainsi parvenir à une situation que légitiment ses aptitudes.

Abraham Lincoln, avant d'être président du peuple le plus puissant de la terre, avait été fendeur d'échalas.

Si les élections pour les chambres de représentants étaient faites, aux États-Unis, aussi sensément que celles des municipalités, ce pays n'aurait jamais connu le cancer du paupérisme.

La France n'est guère moins féconde que le nouveau monde, et la race gauloise est beaucoup plus apte que les races anglo-saxonnes à transformer et à varier son industrie, selon les caprices et les besoins des différents marchés du globe.

Malgré notre régime administratif énervant, nous avons pu lutter, sans trop d'infériorité, contre nos concurrents anglais, suisses, américains, jouissant, en partie, des avantages du *self government* : que ne pourrions-nous pas faire si nous trouvions dans nos services publics aide et facilités, au lieu des contre-temps et des embarras de toute nature embusqués derrière chaque guichet.

Nous ne pouvons espérer réparer nos pertes et diminuer nos misères sociales que si un excès d'activité remplace la léthargie dans laquelle nous maintient la centralisation à outrance.

Décentralisons donc, pour que partout l'engourdissement bureaucratique soit remplacé par une exubérance de vie sociale qui, seule, pourra donner aux administrateurs et aux hommes d'État de la génération contemporaine la possibilité ce se produire.

IV

GOUVERNEMENT PAR LES CAPACITÉS

OU

GUERRE CIVILE

Nos gouvernements ont été souvent impuissants à maintenir l'ordre matériel, ils n'ont jamais pu établir l'ordre moral.

Des émeutes ont constamment révélé, dans notre tempérament social, des forces comprimées cherchant un dégagement. Inutilisées, elles continueront à troubler la paix publique, jusqu'à ce qu'une explosion plus forte fasse disparaître pour un temps la société française. Bien des fois déjà on a pu croire l'heure de cette convulsion terrible arrivée ; jusqu'à présent le pays en a été quitte pour quelques journées, quelques semaines d'angoisses.

La violence de plus en plus croissante de ces crises désastreuses indique que les émeutes seront bientôt victorieuses si l'on ne fait rien pour en diminuer les causes.

Il y a là des forces que la société doit absorber si elle ne veut pas être boulversée : ce sont les énergies ou les intelligences sans emploi.

Nous avons tout organisé pour favoriser les petits esprits, les activités ordinaires, sans laisser de place aux hommes de valeur.

Dans les administrations de l'État, qui ont une aussi grande influence sur la sécurité et la fortune des individus et de la nation, le mode de recrutement, et surtout celui d'avancement, ne permettent que la production d'une faible partie de ce qu'on en pourrait attendre.

Les imperfections des méthodes de recrutement pourraient être atténuées par un avancement méthodiquement accordé au mérite, et c'est le contraire qui a lieu.

Presque partout on monte en grade sur la proposition d'un chef, qui a toujours peur d'avoir à côté de lui un homme capable de le remplacer.

Si un fonctionnaire montre de l'aptitude au travail, du caractère, de l'intelligence, son supérieur s'en effraye et s'arrange de façon à lui faire abandonner cette carrière. Il proposera pour l'avancement, à la place d'un piocheur intelligent, une capacité médiocre, n'inquiétant personne, et qu'il pourra sans danger avoir pour collègue. Si ce moyen ne réussit pas à éloigner un sujet sérieux, on profite de la jalousie qu'il inspire à ses collègues pour lui rendre la position insupportable, et s'il résiste encore, on le charge constamment de travaux en dehors de ses aptitudes, ou enfin ou le cote comme mauvaise tête et dangereux, et il ne tarde pas à donner sa démission.

L'expulsion des supériorités se fait ainsi avec des variantes dans toutes les administrations qui se rattachent de près ou de loin à l'État.

Il en est de même dans les affaires, à mesure que les grandes fortunes et les sociétés de capitalistes remplacent partout les petits industriels et les petits commerçants, que leur intérêt conduisait dans une voie opposée.

Dans les établissements privés, qui ont presque tous maintenant une hiérarchie comparable à celle des administrations publiques, les employés supérieurs ont infiniment plus de motifs de craindre la concurrence de leurs inférieurs que les fonctionnaires de l'État, qu'on ne destitue presque jamais.

Dans l'industrie ou le commerce, le maître n'a qu'un mot à dire pour renvoyer son directeur, ou tout autre employé, chaque fois qu'il croit avoir intérêt à le faire, et ceux-ci tremblent aussitôt qu'ils s'aperçoivent qu'un de leurs inférieurs est capable de se faire remarquer par le patron. Quel que soit le talent d'un individu qui inquiète son contremaître, son chef de rayon ou de bureau, celui-ci le renverra ou le forcera à se retirer.

Dans la politique, dans les carrières administratives, dans tous les services de l'État, dans l'industrie ou le commerce, au bureau ou à l'atelier, on ne veut que des capacités moyennes.

Ceux devant lesquels on ferme ainsi toute issue et dont on brise l'avenir deviennent des ennemis dangereux pour la société. Ils sont peu, leur nombre ne représente qu'une fraction insignifiante de la population, mais ils sont puissants par l'énergie, le courage, la volonté, l'instruction et l'intelligence.

Ces précieuses qualités se transforment en défauts quand elles n'ont pas de but.

Parmi les hommes d'action et de tête que nos administrations publiques et privées rejettent de leurs cadres, quelques-uns parviennent à se créer une position indépendante et arrivent alors rapidement à la fortune ; mais la plupart, manquant de capitaux, restent et sont misérables toute leur vie pour avoir été trop bien doués par la nature.

Voyant la paresse et l'incapacité parvenir avec un peu d'hypocrisie et beaucoup de platitudes, ces grands hommes en herbe prennent la société en horreur.

Leurs loisirs forcés les obligent à chercher des distractions dans les plaisirs malsains et les émotions de la politique.

Organisés pour diriger d'autres hommes, ils arrivent fatalement à la satisfaction de leurs instincts et de leurs rancunes. Ils attirent tous ceux qui ont, ou croient avoir, quelque grief contre la société et deviennent les meneurs de ces groupes dangereux.

La majorité du peuple est ignorante et malheureuse, aussi forme-t-elle une immense armée dans laquelle les méconnus n'ont qu'à se présenter pour obtenir d'emblée un grade proportionné à leur énergie. Là, ils sont accueillis comme des sauveurs, et leurs qualités exceptionnelles, qui auraient pu servir à augmenter le bien-être de tous, ne servent qu'à préparer les guerres civiles.

Nous nous perdons doublement en refusant la direction de nos affaires à ceux que la nature a spécialement doués pour cette fonction. Les organisations moyennes, excellentes pour exécuter un plan, pour suivre une route tracée, sont absolument incapables d'être initiatrices. A la tête d'une affaire, elles sont obligées de se laisser aller au courant des événements, de les subir et non de les maîtriser. C'est pourquoi la France, qui possède cependant tous les éléments de force et de prospérité, s'en va tombant de désastres en désastres.

Non seulement nous n'utilisons pas les intelligences supérieures, mais encore nous leur donnons pour faire le mal des facilités plus grandes qu'elles n'en auraient eu pour faire le bien.

Nous les empêchons de multiplier nos richesses et nous les obligeons à nous ruiner.

Nous perdons ainsi la meilleure partie de ce que notre admirable pays produit et pourrait donner de bien-être et de tranquillité à ses habitants.

Pas plus que les individus, les nations ne peuvent gaspiller impunément leur fortune : si grande qu'elle soit, il arrive qu'on l'épuise.

Ce moment est proche pour la France. Si nous continuons à agir d'une façon aussi opposée à nos intérêts, il ne peut manquer de nous arriver, avant peu, quelque catastrophe effroyable ; et certainement, d'ici là, nous n'aurons jamais de calme.

Ne serait-il pas plus prudent de rendre toutes ces forces productives ?

Il faudrait trouver un débouché, une issue à ces capacités, à ces ambitions, dangereuses parce qu'on les méconnaît ; et il serait possible d'atteindre ce but, sans changer nos mœurs et sans bouleverser nos institutions.

Il suffirait de regarder ce qui se passe à côté de nous, en Angleterre, en Suisse, surtout aux États-Unis, où l'activité est la même au village qu'à la ville.

Les capitales de ces pays sont aussi riches proportionnellement que la capitale de la France, mais leurs provinces ne ressemblent nullement aux nôtres.

Chez eux, partout le mouvement, la vie; chez nous, aussitôt que l'on quitte Paris, c'est l'inertie, le silence de la mort sociale.

Le rêve de tout fonctionnaire est de venir à Paris, et il n'y a pas un provincial qui, dans ce but, ne sacrifierait sa province.

Si, dans une petite commune, l'homme intelligent pouvait trouver l'emploi de ses facultés, il préférerait sa commune à Paris.

La liberté de la presse et l'administration de chaque localité par les conseils municipaux donnent à l'Angleterre et surtout à la Suisse et aux États-Unis une partie de ce qui nous manque.

Ces deux principes, comme tout ce qui est logique et naturel, produisent avec des éléments simples les résultats les plus variés et les plus grandioses.

La liberté de la presse force les hommes à être intelligents et honnêtes.

L'administration municipale donne la vie au plus petit groupe comme à la grande ville.

Elle introduit l'émulation dans les services publics.

Elle utilise les intelligences pour le bien et enlève ainsi aux différentes causes de désordre leur principale force.

Elle remplace partout le marasme par l'activité.

Elle intéresse l'immense majorité des citoyens au maintien de la paix publique.

Elle permettrait d'établir enfin le suffrage universel à plusieurs degrés, qui nous rendrait des hommes comme ceux de 89.

Ces éléments de prospérité ne peuvent être mis en œuvre que par une décentralisation rationnelle qui donnerait à chaque localité la vie politique et administrative compatible avec l'unité nationale.

Mais la décentralisation ne produira tous ses effets que si les conseillers municipaux élus sont de véritables administrateurs, choisis par le suffrage à plusieurs degrés.

Alors seulement, toutes les intelligences étant employées utilement, la société sera tranquille et prospère.

CE QU'IL FAUT FAIRE

Dans les pays où chaque localité est administrée par un conseil municipal ou son équivalent, la vie sociale est à peu près la même pour les provinces que pour la capitale. L'activité intellectuelle et matérielle existe partout :

Il y a décentralisation.

Ces peuples ont une force qui nous manque, et cependant leurs gouvernants sont aussi ineptes que les nôtres ; ils gaspillent la richesse publique avec la même indifférence criminelle.

Il n'y a rien de changé depuis l'époque où Tocqueville écrivait : — « Quelle triste chose que, sur la terre, les gouvernants soient aussi coquins que les peuples leur permettent de l'être ! Leurs vices n'ont jamais connu que cette limite-là. »

Il en sera ainsi tant que les gouvernants ne seront pas choisis parmi les supériorités intellectuelles, et chez aucun peuple le corps électoral n'est organisé pour faire ce triage.

Restreint ou universel, le suffrage direct amène partout et toujours : des noms historiques, des avocats, des journalistes, des médecins, des excentriques, des intrigants, des célébrités ramollies, tout ce qui est en évidence pour d'autres causes que les capacités administratives et politiques.

Les résultats sont tels, que, dans les pays constitutionnels, tous les partis se plaignent de la profonde incapacité de leurs chefs.

Partout la direction manque, et nulle part on ne cherche les moyens de faire surgir les hommes de mérite.

On paraît croire à un arrêt anormal de sève intellectuelle.

Les valeurs sont toujours rares, mais chaque génération en produit certainement la même quantité proportionnelle. Quand elles manquent, c'est qu'il y a eu violation de la loi de sélection naturelle qui, sous une forme ou un nom quelconque, est un suffrage à plusieurs degrés. Chaque fois que les peuples ont eu des chefs choisis entre pairs, entre individus se connaissant personnellement, ces chefs ont toujours été des hommes remarquables. Acclamés par leurs soldats, les barons francs se donnaient pour roi celui d'entre eux qu'ils avaient vu se battre avec le plus de courage.

Les cardinaux n'ont jamais choisi une médiocrité pour en faire un pape.

Les communautés religieuses ont dû au suffrage à plusieurs degrés les supériorités indiscutables qui ont fait leur force et leur gloire.

En 1789, les assemblées provinciales envoyèrent à la

Constituante des hommes d'État que personne ne connaissait.

Les sociétés ouvrières s'organisent depuis cinquante ans et constituent une force sociale dont nos avocats politiqueurs ne soupçonnent ni la force, ni la puissance d'action effective. Formées par des ignorants, obligées d'accepter des ivrognes et les brutes les plus stupides, ces sociétés de métier ont toujours à leur tête les hommes les plus honorables de la corporation.

Il n'est pas un patron forcé de discuter avec un syndicat d'ouvriers qui, en dehors des formes souvent incultes, ne soit frappé par l'intelligence de ses adversaires et plus encore par leur esprit de corps.

Leudes, cardinaux, communautés religieuses, assemblées provinciales, corporations de métiers, tout ce qui a employé le suffrage à plusieurs degrés en a obtenu puissance et vitalité.

Avant la Révolution, la France avait de nombreux administrateurs formés par les institutions religieuses, qui triaient les capacités par ce mode de suffrage.

La Constituante a été une pépinière d'hommes d'État parce qu'elle était le résultat de trois ou quatre choix successifs. Si la Législative qui lui a succédé avait été élue de la même manière, tant de révolutions sans résultats accomplies dans ce siècle nous eussent été épargnées.

Depuis que le suffrage direct a été décrété, la France n'a plus de têtes. Il faudrait donc rétablir le suffrage à plusieurs degrés et l'organiser de façon à ce qu'il produise tous ses effets.

Partout de petits groupes choisissant des électeurs du

degré suivant dans l'entourage immédiat, et seulement entre gens ayant pu s'apprécier mutuellement dans la vie privée.

Dans le village de deux ou trois cents familles, alliées entre elles pour la plupart, une seule élection par section pour le conseil municipal.

Au canton, deux degrés.

Trois à la petite ville.

Division en nombreuses mairies de toutes les grandes agglomérations, et conseil municipal pour chaque mairie.

Pas d'État dans l'État.

Jusqu'à la municipalité, réduite aux plus petites proportions, élection individuelle ; puis, au-dessus, scrutin de liste pour donner une représentation à peu près proportionnelle au nombre des électeurs primaires.

Chaque degré choisissant toujours l'élu parmi les électeurs du groupe, toutes les fractions d'opinions seraient représentées, et chaque délégué aurait déjà fait l'apprentissage des affaires publiques.

Le pays serait alors administré par des assemblées issues les unes des autres, et ayant forcément, de la base au sommet, les mêmes théories et le même esprit gouvernemental.

Il n'y aurait plus de ces sottes et coupables intrigues, prétendues constitutionnelles, qui énervent tous les pouvoirs et font oublier les affaires du pays.

La sécurité de l'avenir serait complètement assurée si l'on ne faisait jamais d'élections générales.

Les brusques changements du personnel gouvernemental désorganisent l'administration et les assemblées, et ne permettent aucune alliance.

Ce qu'il y aurait de mieux à faire, de plus conforme aux lois naturelles, serait de maintenir l'élu dans ses fonctions, jusqu'à ce que ses électeurs jugent à propos de lui donner un successeur.

Chaque fraction du corps électoral devrait pouvoir agir comme les particuliers, qui renvoient leurs employés quand ils n'en sont pas satisfaits.

Le délégué a le droit de donner sa démission; en vertu du droit de réciprocité, le mandant devrait toujours pouvoir révoquer son mandataire.

Avec le suffrage à plusieurs degrés, rien ne serait plus facile que de laisser au corps électoral la liberté d'expulser ses délégués indignes; il suffirait d'exiger la majorité absolue pour toute nomination.

Il n'y aurait plus aussi à redouter d'abstentions, avec ce mode, les petits groupes électifs et les conseils municipaux administrant réellement.

Les plus indifférents se passionneraient pour des élections auxquelles léurs voisins, leurs amis ou leurs ennemis se trouveraient mêlés et touchant directement à la sécurité, à la prospérité de leur quartier, de leur localité ou de leur arrondissement.

Un pays organisé de cette façon se trouverait dans les conditions d'existence du corps humain, dont les molécules se transforment constamment et disparaissent sans qu'il y ait changement apparent de l'individu.

Toutes les activités auraient leur application ;

Toutes les intelligences trouveraient un emploi ;

Toutes les idées auraient leurs porte-parole ;

Partout des écoles pratiques d'administration :

Plus de chefs d'émeutes ;

Les progrès seraient scientifiquement préparés ;

La stabilité de notre gouvernement ainsi obtenue nous permettrait le choix des alliances ;

Toutes les forces vives du pays auraient pour but son bien-être, sa sécurité et sa gloire.

Tels seraient les résultats du suffrage universel à plusieurs degrés.

Croyez-vous, Messieurs les Sénateurs, Messieurs les Députés, qu'il soit préférable de perpétuer, avec le suffrage universel direct, les gouvernements instables et incapables qui ruinent la France ?

A votre conscience et à votre patriotisme de décider.

PARIS — IMPRIMERIE MOTTEROZ

Rue du Four, 54 bis.

28